Te 23/138

AF311423

NUM - 2009

C. 644.

COMITÉ

DE

SALUT PUBLIC.

LETTRE DU CITOYEN *MITTIÉ*,
MÉDECIN.

CITOYENS,

Depuis cinquante ans, je m'occupe de la guérison de la maladie vénérienne ; la plus commune et la plus mal traitée de toutes les maladies, qui affligent le genre humain.

Depuis trente ans, les succès les plus heureux ont, constamment, couronné mes méditations et mes travaux ; et j'ose me flatter, sous tous les rapports, d'avoir porté le traitement de cette maladie à un degré de perfection, dont aucun traitement n'approche ; et quoique j'aie toujours pratiqué et enseigné le bien, par des faits et des écrits, l'humanité a peu profité du fruit de mes veilles. Jamais homme, dans l'art de guérir, n'a, mieux que moi, secouru ses

A

semblables ; et jamais homme n'a été moins accueilli, plus calomnié, ni autant persécuté.

J'ai toujours eu à combattre et je combats encore aujourd'hui, l'ignorance, l'intérêt, l'orgueil, la jalousie, le préjugé et la mauvaise-foi de ceux de ma profession.

La morgue de l'homme en place, le despotisme de l'opinion, l'empire de l'habitude, l'aveugle présomption des faux savans, et le prétendu doute des gens de mauvaise volonté, ont toujours rejetté un bien que la raison et l'expérience indiquoient.

Citoyens, chargés de la partie des hôpitaux militaires, je vous adresse, ci-joint, un Mémoire, sur les soldats et matelots attaqués de maladie vénérienne.

Vous ne pouvez, Représentans du Peuple, mettre trop de soin et d'empressement à procurer des secours à un million de frères, de concitoyens et de défenseurs de la Patrie, livrés à la douleur ou à la mort, par le mauvais traitement qu'ils subissent ; traitement dont l'expérience, de trois siècles, a toujours manifesté le danger et l'insuffisance, par les nombreuses victimes qu'il a faites et qu'il fait tous les jours. Traitement que l'ignorance et l'aveuglement de ceux qui le pratiquent, depuis trois siècles, n'ont pu améliorer ni changer.

Mes vœux et mes propositions ayant pour objet le salut du Peuple et les intérêts de la république, j'espère, Citoyens, que mon talent et mon zèle trouveront, auprès de vous, l'accès que mérite l'homme, qui peut et veut servir utilement sa Patrie et l'humanité.

Salut et fraternité.

MITTIÉ, *Médecin de Paris, septuagénaire et valétudinaire, un des plus anciens Médecins et Chirurgiens des Armées et des Hôpitaux.*

Paris, ce premier Vendemiaire, l'an troisième de la République, Française, une et indivisible.

MÉMOIRE SUR LES VÉNÉRIENS.

PARMI les troupes de la république, soldats et matelots, il y a cinquante mille vénériens, aujourd'hui, tant dans les hôpitaux qu'à leurs corps ; ce nombre se renouvelle, quatre fois, dans l'année, et monte à deux cent mille par an.

Le traitement aveugle et assujettissant, fait à ces malades, et le remède infidèle et dangereux employé à leur guérison, sont encore plus nuisibles aux militaires qu'aux autres hommes.

Les malades frictionnés, le mieux guéris, ont besoin de presque autant de temps, pour leur convalescence, qu'il en a fallu pour leur traitement, avant d'être en état de supporter l'intempérie des saisons et les fatigues de la guerre, sans s'exposer à des accidens plus graves ou de plus longue durée que les symptômes de la maladie vénérienne.

La journée d'hôpital est de *vingt sols*, les frais d'administration au moins *autant*; le terme moyen du traitement est de soixante jours ; chaque vénérien coûte *cent vingt livres*. Les frais de leur traitement sont donc pour la république, de *trente-six millions* par an.

Si l'on calcule la dépense immense qu'il en coûte à l'état ; le vide que ce grand nombre de malades laisse dans les armées; ce qui est plus intéressant pour la république, la perte qu'elle fait de tant de citoyens, qui, affectés d'une maladie légère, meurent de l'effet du remède employé à sa guérison, et de maladies contagieuses gagnées dans les hôpitaux, où ils sont obligés d'aller se faire traiter ; les moyens de remédier à ces maux méritent d'être accueillis.

En conséquence , Citoyens , je vous propose ma méthode de guérir les vénériens , avec les végétaux.

La plupart des végétaux, les plus doux, les plus communs de la France , administrés suivant ma doctrine , ont la propriété de guérir, seuls, indistinctement, toutes les maladies vénériennes , *comme l'eau a la propriété d'éteindre le feu.*

Cette vérité , contre laquelle les ignorans et les hommes à préjugés se sont soulevés , est indiquée par la nature et la raison, prouvée par l'exemple et l'expérience ; elle m'est confirmée par vingt mille guérisons opérées avec les végétaux que j'ai indiqués.

Si cette heureuse découverte n'a pas été mise en usage ; depuis que je l'ai publiée et proposée, c'est que mes détracteurs , les uns par intérêt , les autres par jalousie, quelques-uns par animosité , et TOUS POUR N'AVOIR PAS A ROUGIR DE LE LEUR IGNORANCE, s'y sont opposés et ont sacrifié à des motifs aussi méprisables , la santé et la vie de leurs concitoyens.

Ce traitement est doux , simple , commode ; il n'exige ni préparation , ni remède accessoire , ni régime particulier ; il est également praticable en été, en hiver. Les soldats , les matelots peuvent être traités sous la toile et sur mer , sans discontinuer leur service et sans être exposés au moindre accident.

La guérison est certaine et plus prompte que par tout autre moyen. Le traitement sera de *quinze livres par homme*.

Tous les vénériens peuvent être guéris de cette manière, et les trois quarts , au moins , rester à leur poste , où ils serviront la ré-publique, comme leurs autres frères d'armes.

Plus de mille Citoyens , tant soldats qu'officiers , attaqués de cette maladie , crai-gnant d'aller à l'hôpital , ont fait mon trai-tement sans interrompre leur service ; ils ont parfaitement guéri.

En usant des moyens que je propose , on peut , dans un mois ou deux , recruter nos armées, au moins, de quarante mille hom-mes , et empêcher que les malades de cette espèce y fassent, à l'avenir, un pareil vide.

Il ne s'agit que d'autoriser l'administra-tion des régimens et des hôpitaux à se pro-curer, ou de leur fournir un certain nombre de traitemens. Les Chirurgiens-majors des régimens et des vaisseaux traiteront les malades qui rejoindront leur corps, et les Chirurgiens des hôpitaux se débarrasseront, en peu de temps, de ce genre de malades qui les encombrent. A l'avenir, on n'enverra plus les vénériens à l'hôpital, à moins que la violence des symptômes de la maladie ne les oblige d'y aller, ce qui arrive rarement.

La Commission des Secours publics peut également employer le même moyen dans les campagnes, les hôpitaux civils et les dépôts de mendicité. Les malades seront traités humainement, commodément, et guéris plus sûrement et plus promptement ; aucun ne souffrira et ne périra du remède ou de la maladie, et pendant leur traitement, tous seront rendus à leurs travaux : avantages inappréciables pour la république.

Tous les ans, un million de citoyens et deux cent mille soldats et matelots sont attaqués de maladies vénériennes. Les uns, abandonnés aux charlatans, sont la proie de leur cupidité ; les autres, entre les mains des gens de l'art, sont victimes de leurs préjugés.

A l'égard de ceux qui traitent cette maladie, l'ignorance et la déraison sont à leur comble : réunies à l'orgueil et à l'intérêt, ils concourent ensemble au déshonneur de l'art, au malheur du genre humain et au détrîment de la chose publique.

Jusqu'ici, aucun Médecin ou Chirurgien n'a envisagé la maladie vénérienne sous son vrai point de vue, et ne l'a traitée avec les remèdes propres à sa guérison.

Il n'est pas un homme de l'art qui connoisse l'indication que la maladie vénérienne présente, ni d'où elle se tire? quel principe et quelle propriété doit avoir le remède convenable à sa guérison? quel effet il doit produire dans l'économie animale? Aucun Médecin, aucun Chirurgien, dans le traitement de cette maladie, ne sait ce qu'il fait? avec quoi il le fait? pourquoi il le fait? ce qui doit résulter de ce qu'il fait? ni comment remédier au mal qu'il fait? La pratique de tous est couverte d'un voile épais, et l'emploi du mercure, remède le moins connu et le plus dangereux, est dirigé par l'ignorance la plus absolue!... Voila comme on traite, tous les ans, douze cent mille citoyens, attaqués de la maladie vénérienne!...... Ce sont autant de victimes vouées à la douleur ou à la mort! Quel tableau affligeant pour un ami de l'humanité! quel sujet de sollicitude pour les Représentans du Peuple! Quel tort.... quelle perte pour la République!

La Convention nationale doit connoître ces cruelles vérités; elles intéressent trop *le Peuple*, dont *le salut est la suprême loi*, pour ne pas me faire un devoir de les publier. Depuis trente ans, je n'ai cessé de dire

ces vérités, et je les dirai tant que je vivrai,
ou jusqu'à ce que les Représentans daignent
écouter mes propositions d'arrêter, dans sa
source, et dans ses effets, les ravages du
plus grand des fléaux qui puissent affliger
la république. Il m'est aussi facile de le
faire, qu'il est naturel à tout être sensible
de le desirer.

Tous les remèdes employés à combattre
ce fléau, sont mauvais : outre leur insuffisance et leur danger, il n'en est aucun
qui, par sa nature, ses effets, son administration, ses accessoires et son régime, n'ait
plus ou moins d'inconvéniens. On est indi-
gné de voir chez ceux qui les administrent,
tant d'ignorance joint à tant de présomption, et commettre des milliers d'assassinats
avec autant d'impudence que d'impunité.

Il est donc aussi nécessaire qu'avantageux
aux citoyens et aux défenseurs de la Patrie,
de mettre, entre les mains des Officiers de
santé, un remède, avec lequel ils puissent
toujours faire le bien et ne jamais faire le
mal ; au lieu du *mercure*, avec lequel ils
font aussi souvent le mal que le bien, quel-
quefois plus de mal que de bien, et indistinctement l'un et l'autre, sans être maîtres
d'éviter le mal, ni de diriger et d'assurer
constamment le bien.

Aucun Médecin, aucun Chirurgien ne
connoît la nature du mercure, sous quelle
forme il agit, ni quelle est la cause directe
et indirecte de ses effets nuisibles ou salu-
taires ? d'où il résulte, nécessairement,

qu'aucun de ces prétendus guérisseurs ne peut diriger les bons, ni prévenir les mauvais effets de ce remède.

Avec de la prudence et des précautions on le peut, diront quelques-uns; il n'en faut rien croire; quelque bien que fasse un aveugle, en tâtonnant, il ne persuadera jamais qu'il voit clair à ce qu'il fait.

Dans l'administration du mercure, la nature seule fait la besogne, bonne ou mauvaise, sans que celui qui l'administre y ait la moindre part; quand cela va mal, il le rejette sur le remède, et il a la sotte prétention de s'en attribuer le succès, quand il est heureux.

C'est toujours en aveugle qu'on traite, avec le mercure, et par hasard qu'on guérit; hasard dont aucun praticien n'a la moindre idée. D'après cela, quel compte tenir à l'art et à celui qui l'exerce, et quelle confiance méritent l'un et l'autre?

L'entêtement des Chirurgiens, à soutenir que le mercure est le seul remède de la maladie vénérienne, et c'est l'opinion des maîtres de l'art, *est la mesure de leurs lumières et de leurs ressources en médecine*.

Comment assurer que le mercure soit le vrai et l'unique remède de la maladie vénérienne, sans connoître la manière dont il guérit? Pourquoi refuser à toute autre substance une vertu curative, dont on n'a pas la moindre idée? Peut-on raisonner d'une manière aussi absurde, aussi inconséquente?

Cette fausse assertion laisse un problême à résoudre ; ce qu'elle prouve, le plus, l'ignorance ou la mauvaise foi des partisans du mercure ?

Quelques Officiers de santé se vantent de garantir leurs malades des accidens du mercure ! Cela est faux, cela est impossible ; ils mentent à leur conscience, ils trompent le public. Le Médecin ou le Chirurgien, en administrant le mercure, n'est pas plus maître de ses bons ou de ses mauvais effets, que *Mathieu Lansberg* l'est du temps et des événemens qu'il prédit.

Avec ce remède végétal, facile, efficace et peu coûteux, exempt de tout inconvénient, on parviendroit à détruire le traitement par le mercure ; traitement, à tous égards, le plus mauvais et le plus inconséquent qu'il soit possible de faire et d'imaginer ! traitement que la raison et l'humanité doivent proscrire, comme cruel et meurtrier, uniquement fondé sur l'ignorance et sur de faux préjugés ! traitement qu'il y a autant d'inhumanité à pratiquer, que d'impossibilité et de mauvaise-foi à justifier !.... Voyez mon *Avis au Peuple* et mes *Objections contre l'usage du Mercure....* Que ses partisans répondent ?...

Si l'exécution de mon projet éprouve des difficultés ou un refus, je prie instamment le Comité d'en faire motiver les raisons et de les rendre publiques ; le bien de la chose l'exige ; il faut que le Peuple soit éclairé dans sa propre cause.

Ma manière de voir, de faire et de pré‑
senter les choses, si différente, en tout
point, de celle qu'ont eue ceux qui ont
traité la même matière, ne doit pas être
rejettée, par prévention, parce qu'elle est
simple, nouvelle et contraire aux idées reçues.

L'opinion d'un seul homme, contre tous,
n'est pas un motif suffisant, pour la juger
mauvaise.

Après trois siècles d'erreur, la vérité peut
percer. La marche des connoissances hu‑
maines fournit des exemples de vérités res‑
tées plus long-temps inconnues, moins par
la difficulté de les découvrir, que par la
paresse, l'habitude et le préjugé, qui ont
empêché de s'écarter de la fausse route
frayée par ceux qui nous ont précédé.

Les avantages de ma méthode, sont,
dans un mois ou deux, en moins de
temps, si l'on veut, de rendre à la Patrie
quarante mille de ses défenseurs, retenus
dans les hôpitaux.

Tous les ans, d'empêcher que nos flottes
et nos armées éprouvent un pareil vide de
soldats et de matelots.

Tous les ans, épargner dans les dépenses
de la république, au moins, *trente millions*
aux hôpitaux militaires, *quinze millions* aux
hôpitaux civils, et *quinze millions* aux ci‑
toyens affectés de cette maladie.

Tous les ans, arracher à la douleur ou
à la mort *quinze mille citoyens*, qui péris‑
sent du traitement qu'on leur fait, et *trente*

mille qui se ressentent long-temps ou toute leur vie de ses suites.

Tous les ans, conserver à l'agriculture, au commerce, à la navigation, aux arts, aux métiers, *un million* de citoyens, qui, la plupart, étoient obligés de cesser leurs travaux, pendant la durée de leur traitement.

Quel est le patriote, l'ami de l'humanité, l'homme d'état qui, sachant apprécier le travail, la santé et la vie d'un million de citoyens, ne sente tous les avantages de ma découverte, avantages qui s'étendront à tout le genre humain et aux générations futures ?

Quel est l'Officier de santé qui s'opposera à l'emploi d'une découverte, la plus savante en médecine et la plus utile à l'humanité, sans préalablement justifier sa méthode et combattre la mienne, en homme instruit et bien intentionné ?

Quelle est l'autorité constituée, chargée de la conservation des citoyens et des intérêts de la république, qui, sans manquer au Peuple, ne s'empresse de constater, par les voies que la prudence dicte, la réalité du fait ? quand j'offre d'en donner toutes les preuves qu'on voudra, et de la manière qu'on voudra.

Que mes adversaires, après m'avoir décrié, injurié, calomnié, pendant trente ans, pour m'empêcher de faire le bien, qu'ils sont incapables de faire, se montrent, comme moi, et demandent, aujourd'hui, à entrer en lice et à prouver, par des écrits et des trai-

temens publics, qui en sait plus et fait
mieux, dans cette partie de la médecine,
et de qui, d'eux ou de moi, l'humanité
souffrante à attendre le plus de secours,
et la république de plus grands services.

Quoique les faits et les raisons que j'ap-
porte contre le remède et la méthode que
j'attaque, soient incontestables, il faut
mettre les gens de l'art, que j'inculpe,
à même de se justifier.

En conséquence, Citoyens, il est de votre
sagesse, au nom du Peuple souverain que
vous représentez, qui souffre et qui paye,
d'ordonner *à la Commission de santé et
aux Chirurgiens en chef des Armées et
des Hôpitaux*, de justifier, dans le plus
court délai, sans qu'aucun puisse s'en
dispenser, la méthode usitée, pour
le traitement de la maladie vénérienne,
des reproches que je fais à cette méthode,
d'être *aveugle, absurde, ignorante, em-
pyrique, inconséquente, compliquée,
assujettissante, cruelle, dégoûtante, in-
suffisante, infidelle et meurtrière ; ce que
j'ai prouvé par mes objections contre l'usage
du mercure.*

Celui qui avance et soutient que le mercure est le seul spécifique de la maladie
vénérienne, est, en médecine, ce qu'est, en
géographie, le paysan qui croit que l'horison
où se termine sa vue, est le bout du monde.

Il répugne autant à la saine raison, qu'il
est contraire à une bonne pratique, de vou-
loir que le plus mauvais des remèdes, dont

l'administration est aveugle, et le seul qui soit susceptible d'autant d'inconvéniens, s'applique et convienne, indistinctement, dans tous les cas et à tous les sujets. Cette manière de faire la médecine est le comble de l'ignorance et de l'aveuglement; c'est un empirisme cruel, aussi déshonorant pour l'art, que fatal au genre humain.

Ceux qui administrent le mercure, sont un fléau, dans l'état, plus dangereux et plus destructeur que la maladie même. Leurs propos, leurs écrits, leur pratique ne servent qu'à perpétuer l'erreur, fortifier le préjugé et entretenir l'ignorance.

Les Médecins et les Chirurgiens blessés de ces vérités, doivent les réfuter : mon intention a toujours été de les engager à me répondre ; mon but, aujourd'hui, est de les provoquer à le faire, et même d'y obliger par devoir, par honneur et par humanité, ceux qui, salariés par le Peuple, remplissent des places d'Officiers de santé, au service de la république.

Dans les hôpitaux civils et militaires, les vénériens sont les malades, le plus mal traités, et le plus à plaindre.

Dans les Villes, ils sont victimes du brigandage de la charlatanerie, par la négligence et l'insouciance de la police à veiller sur la santé et la vie des citoyens, sur-tout à Paris, où, tous les ans, plus de trois mille citoyens sont empoisonnés par les remèdes, dont on souffre la distribution, pour les maladies vénériennes.

Il semble qu'il y ait une conjuration ouverte et générale contre les malheureux vénériens. La tolérance des charlatans, l'indifférence des Administrations des hôpitaux, pour améliorer le traitement de la maladie vénérieune, l'incapacité de ceux à qui ce traitement est confié, prouvent le peu d'attention qu'on donne à ce genre de malades ; comme si leur santé et leur vie étoient moins précieuses que celles des autres citoyens !

Pour ne laisser, sur les vérités que je publie, aucun doute, ni aucun faux-fuyant à mes adversaires, je leur oppose et leur opposerai, jusqu'à ce qu'ils me répondent, ce paragraphe de ma *Pétition à la Commune de Paris* :

Si un des Médecins ou des Chirurgiens, à qui je reproche de manquer de lumières, de sensibilité et de bonne-foi, à l'égard du traitement de la maladie vénérienne, et d'employer à sa guérison le MERCURE, *remède cent fois pis que le mal ; si un seul, dis-je, dans ses réponses à mes écrits, prouve que je calomnie l'art et ceux qui l'exercent, que le Peuple demande justice de moi.*

MITTIÉ,

Médecin de Paris.

De l'Imprimerie de Cordier, rue Neuve Beaurepaire, N° 382.

www.ingramcontent.com/pod-product-compliance
Ingram Content Group UK Ltd.
Pitfield, Milton Keynes, MK11 3LW, UK
UKHW021721090726
13657UKWH00005B/2387